1

Norbert-Bertrand Barbe

LES *CHEVAUX DE MARLY* D'ANTOINE COUSTOU ET L'APPARITION DES DIOSCURES AU LAC REGILLE

Qui ne connaît pas les célèbres groupes dits des *Chevaux de Marly*[1] (fig. 1) d'Antoine Coysevox (1701-1702) et de Guillaume Coustou (1743-1745), transportés respectivement en 1719 et 1794 à l'entrée du Jardin des Tuileries[2], mais originellement, ce qu'on sait peut-être moins, destinés à l'abreuvoir de Marly (ce qui leur valut leur nom).

Or, comme le montre Simone Hoog[3] (1989), ces oeuvres s'inspirent du *Louis XIV* (1685) du Bernin, lui-même inspiré des statues de Marc-Aurèle (IIème siècle après J.-C.) du Campidoglio et des Dioscures du Quirinal[4] à Rome (fig. 2 et 3). Il faut encore relever que la statue du Bernin, qui mécontenta Louis XIV, fut transformée en Marcus Curtius se jetant dans les flammes, ce qui permit à l'oeuvre d'échapper aux campagnes de destruction révolutionnaires[5]. En outre, cette métamorphose de la statue de Louis XIV eut pour conséquence directe qu'aux XVIIIème et XIXème siècles, elle fut toujours considérée comme une image de Marcus Curtius, et non plus comme une représentation royale.

Ceci explique peut-être que les oeuvres de Coysevox, à l'origine prévues pour l'abreuvoir de Marly, représentent la *Renommée* et *Mercure* (fig. 4 et 5), chacun sur un cheval ailé, piétinant des lances, des boucliers et des armures. De même, un bronze équestre anonyme (vers 1690-1700) de Louis XIV en empereur romain, couronné par la Victoire, le représente piétinant un corps recroquevillé[6]. On reconnaît là l'image traditionnelle de la victoire guerrière, de la *Virtus* piétinant le représentant ou les symboles (armes,...) du vaincu, identifié au Mal (on trouve ainsi couramment, dès l'Antiquité et au Moyen Age, des représentations de la Vertu piétinant le Vice[7]). Ainsi, si la présence de la figure de la Renommée se conçoit parfaitement dans l'oeuvre de Coysevox, il ne faut pas être surpris de celle de la figure de Mercure. Soit il représente ici le héraut, messager des dieux qui vient couronner le vainqueur imaginaire[8], soit il est une image du dieu guerrier et solaire, identifié à Hercule, et dont l'Hermès thrace (Hérodote, V, 7), souvent représenté à cheval et armé[9], offre dès l'Antiquité une évocation parfaitement claire.

Si l'on s'intéresse à présent aux oeuvres de Coustou, elles aussi originellement placées à l'abreuvoir de Marly, on s'aperçoit que l'artiste proposa deux versions différente de ces groupes sculptés. La première devait représenter les Dioscures à cheval, et la seconde, celle que nous connaissons et qui fut adoptée, deux "*esclaves indiens*" retenant des chevaux par la bride[10]. François Souchal (1980) nous offre une intéressante étude des sources iconographiques de l'oeuvre:

"*Les contemporains ont ressenti la beauté et l'originalité de l'oeuvre sans pouvoir clairement l'analyser. Deider qui vit les groupes dans l'atelier de Coustou s'inquiétait de trouver les figures d'hommes "sensiblement musclées et en quelque sorte maniérées, mais, mises à leur place, elles font le plus bel effet, conservent du caractère". Les références à l'antique, cependant vont se multiplier à la fin du siècle: Millin: "les chevaux de Phidias et de Calamidès, si admirés dans l'Antiquité, n'étaient peut-être pas plus parfaits". Piganiol: "qu'est-ce en comparaison que les chevaux si vantés qu'on voit à Rome, à Monte-Cavallo?"./ Les antiques groupes colossaux des "Dioscures", dressés au Quirinal et que l'on tenait alors pour des oeuvres grecques originales de Phidias ou de Praxitèle avaient, en effet, inspiré plusieurs générations d'artistes. Le Brun, qui les avait connus à Rome s'en souvient dans plusieurs projets, en 1665 pour la grande façade du Louvre, où deux groupes flanquaient le portrait central, en 1670 pour les chevaux du Soleil destinés au*

Pavillon de l'Aurore à Sceaux et à la même date pour l'arc de triomphe de la porte Saint-Antoine: sur la corniche supérieure, de part et d'autre du socle de la statue équestre de Louis XIV, des chevaux cabrés au-dessus d'esclaves enchaînés, symbolisant les nations vaincus, maîtrisés par deux génies ailés proches par l'attitude des Dioscures. En 1685, Girardon adapte le même schéma à un autre thème au fronton de la Petite Ecurie à Versailles, "Alexandre domptant Bucéphale". Les "Pégases" de Coysevox pour Marly, dérivaient aussi de ces modèles antiques, en les interprétant, puisqu'il s'agit de chevaux ailés, montés et bondissant au-dessus d'un amoncellement de trophées. On y retrouve le même type de cheval, au large poitrail, à la tête petite, un cheval de parade, un peu conventionnel et artificiel."[11]

Plusieurs points nous intéressent ici. Tout d'abord, Souchal atteste le rapport entre l'antique et les *Chevaux* de Coysevox et de Coustou. D'autre part, il atteste, plus précisément encore, le lien entre les Dioscures du Quirinal et les *Chevaux de Marly*.

Ajoutons que Le Brun montre des chevaux maintenus par des esclaves du type des Dioscures sur le socle de la statue équestre de Louis XIV. Enfin, ce n'est pas un hasard si Le Brun, comme Le Lorrain pour le bas-relief du fronton des écuries de l'hôtel de Rohan[12] (1723-1729), utilise encore ce type pour représenter les *Chevaux du Soleil*. Cela montre une parfaite connaissance du culte antique des Dioscures, qui représentaient la nuit et le jour, la course des astres, et étaient finalement des divinités cosmiques de la vie et de la mort, pour cela souvent représentées sur les sarcophages romains[13].

En fait, Souchal considère, à juste titre, les *Chevaux* de Coustou comme une modernisation, en quelques sorte une laïcisation, de l'iconographie des Dioscures et de leur reprise par la propagande royaliste à la période moderne. Il insiste sur cette notion de modernisation de l'iconographie des Dioscures et c'est ainsi qu'il montre comment:

"L'oeuvre acquit dès le début la réputation de chef-d'oeuvre de la sculpture nationale et moderne, ce qui explique qu'elle échappa aux ravages révolutionnaires qui abîmèrent dans la ruine le parc et le château, et aussi qu'on décida officiellement de la transporter à Paris place de la Révolution. Le transfert eut lieu en 1794. Le peintre David fit admettre par la Convention l'emplacement actuel. Pour les piédestaux, on songea d'abord à des rochers amoncelés, ce qui aurait accentué l'aspect romantique, puis à des portiques ornés de sujets révolutionnaires. On retint enfin le dessin de l'architecte Lannoy qui s'inspirait des Propylées d'Athènes. Tout au long du XVIIIème, puis du XIXème siècles, les répliques en bronze, en cuivre et autres matières se multiplièrent, faisant des chevaux de Marly l'oeuvre de sculpture la plus célèbre du XVIIIème siècle avec la "Baigneuse" de Falconet, mais à une tout autre échelle."[14]

On peut se demander pourquoi les *Chevaux de Marly* portent chacun une peau d'ours. Nous n'avons qu'une ébauche de réponse à proposer. Dès 1758, Dezallier parle de *"deux esclaves, l'un Français et l'autre Américain"*[15]. On peut donc supposer, à bon droit, que Coustou a sciemment différencié ses "palefreniers". L'un a effectivement les lèvres lippues et un profil négroïde, alors que l'autre a le type européen. De même, reconnaissant dans les Dioscures du Quirinal les manières respectives de Praxitèle et de Phidias, les commentateurs ont beaucoup insisté sur la finesse de la statue de Pollux et sur la musculature de celle de Castor, attribuée à Phidias[16]. Cette identification n'est pas totalement dénuée de sens, quand on sait que le jumeau pacifique (Pollux) s'opposait traditionnellement au guerrier (Castor).

D'autre part, comme on l'a vu et comme le montre Souchal, on peut rapprocher les esclaves de Coustou des esclaves "dioscuriens" du socle de la statue équestre de Louis XIV. Quel rôle, ou plutôt quelle symbolique, ces palefreniers pouvaient-ils donc recouvrir dans l'esprit de Coustou? On sait que l'iconographie antique représentait souvent les Dioscures entièrement nus, parfois avec leur chlamyde sur le bras. Or le symbolisme guerrier des Dioscures et leur importance cultuelle[17] est due à leur invocation lors de la bataille de Régille en 499 avant J.-C.

Denys d'Halicarnasse (*Antiquité Romaine*, VI, 13), Cicéron (*Nature des Dieux*, II, 2, 6 et III, 5, 11) et Valère Maxime (*Faits et Dits mémorables*, I, 8, 1) relatent l'épisode. Ce sont les Dioscures, sous la forme de deux beaux athlètes habillés de pourpre et montés sur des chevaux blancs, qui permirent de remporter la victoire. Mais au soir, après la bataille, ils apparurent à nouveau et vinrent faire boire leurs chevaux, près du temple de Vesta, à la source qui devint le "*lacus Iuturnae*". Aux passants qui leurs demandaient des nouvelles, ils leur annoncèrent la victoire[18].

Si cela ne fournit pas une explication globale des statues de Coustou pour l'abreuvoir de Marly, au moins l'hypothèse d'une évocation dans ce lieu de la deuxième apparition des Dioscures, souvent représentée sur les monnaies antiques[19], mérite-t-elle, pensons-nous, de retenir l'attention. D'autant que, comme le rappelle Fernand Chapouthier[20] (1936):

"... les Dioscures, - précisément parce qu'ils sont des dieux guérisseurs, protecteurs, comme Juturne[21],... - ont aimé le voisinage des eaux courantes: à Sparte, une source portait le nom de Polydeukeia; aux abords du fleuve Erasinos, les Argiens leur avaient consacré un sanctuaire; les Locriens, auprès du fleuve Sagra, leur avaient dressé des autels; leurs chevaux de bronze décoraient la bouche des fontaines."

Nous retiendrons particulièrement ce dernier élément, qui atteste clairement l'existence d'une longue tradition de représentation prophylactique et plus généralement symbolique des Dioscures à des sources.

Certes, il serait inconcevable de soutenir que les *Chevaux de Marly* de Coustou figurent les Dioscures près de la source du temple de Vesta. Cependant, il serait tout aussi inconcevable, croyons-nous, de refuser de penser que cet argument mythologique ait sans doute attiré Coustou, surtout lorsqu'on sait la fortune de l'iconographie des Dioscures et la connaissance qu'avait le siècle de leur légende[22] (ce dont témoigne, encore une fois, le socle de la statue équestre de Louis XIV). D'autant que l'association sabine et romaine entre le "*foyer construit et... la maison*"[23] et "*l'issue rassurante de la guerre*"[24] :

"... *débouche* (déjà) *sur la sacralisation de l'élément liquide, sources et rivières d'une contrée arrosée et verdoyante*". "*Varron, si sensible aux* "*lymphae commotiles*" *de sa patrie, mentionne aussi dans le panthéon sabin la nymphe Feronia*"[25], "*dont G. Duméžil souligne,* "*Rel. rom., p. 405-406, qu'elle patronne la nature, les forces encore sauvages de la nature, mais pour les mettre au service des hommes", et qu'"'elle féconde et guérit'"*[26] (comme les Dioscures donc). *"Ainsi s'expliquerait, par la recherche superstitieuse de l'ablution victorieuse, plus que par l'impiété arrogante, la mystérieuse transgression de Néron, héritier d'une "gens" sabine, se retrempant dans l'Aqua Marcse. La mythologie comparée est assez riche de ces ablutions tutélaires ou apotropaïques./ Un naturalisme sabin diffus, protéiforme comme l'onde, semble avoir coordonné depuis le fond des âges, avant de les intégrer à la rusticité latine, des aspirations de force, de vie et de bonheur... Sous ce dynamisme complexe il n'est pas interdit de subsumer les linéaments d'une morale rustico-militaire liée à l'"otium" primordial, paix victorieuse née de la "pax deum" et qui ouvre à la "pacata iuuentus" le bonheur simple et le travail heureux."*[27]

De fait, l'importance des eaux à Marly a déjà été notée, par exemple dans l'ouvrage de l'Inventaire sur le canton[28]. D'autre part, l'insistance des mythes classiques et modernes sur les aventures amoureuses des Dioscures et de leurs

parèdres avec une femme et/ou déesse[29],
comme le lien apparemment permanent,
bien que plus ou moins direct, des
Dioscures à l'*"idéologie royale"*[30] au cours
du temps (voir aussi l'origine royale de
l'iconographie des *Chevaux de Marly*[31],
ainsi d'ailleurs que de l'ensemble des
sculptures de Marly, toutes inspirées,
comme à Versailles même, de ce
syncrétisme symbolique entre la figure
monarchique et celle des dieux antiques)
ne peuvent que nous confirmer, au
niveau diachronique de la symbolique
politique, dans le sens de l'évocation que
nous postulons, puisque les *Chevaux de
Marly* furent justement réalisés pour celle
qui avait été la demeure favorite de Louis
XIV[32], chantée ainsi par Hugo au
XIXème siècle (*"Ecrit en 1846"* I, *Les
Contemplations*, V, 3): *"Tout est mort; ces
grands rois, ce Paris Babylone,/ Montespan et
Marly, Maintenon et Saint-Cyr!"*".

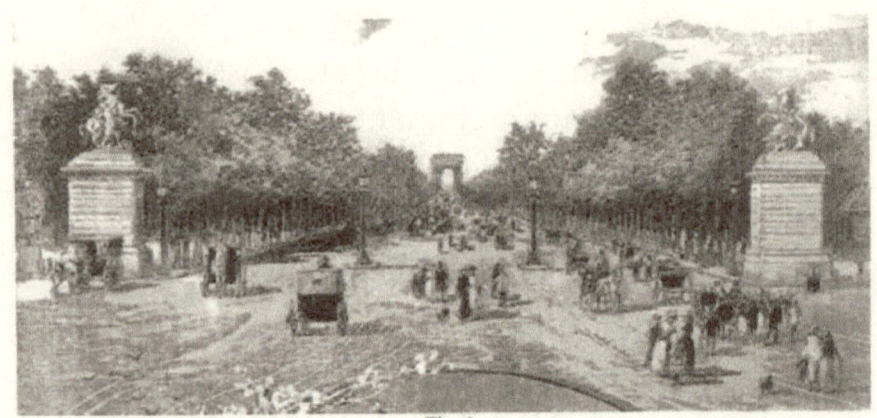

Fig. 1

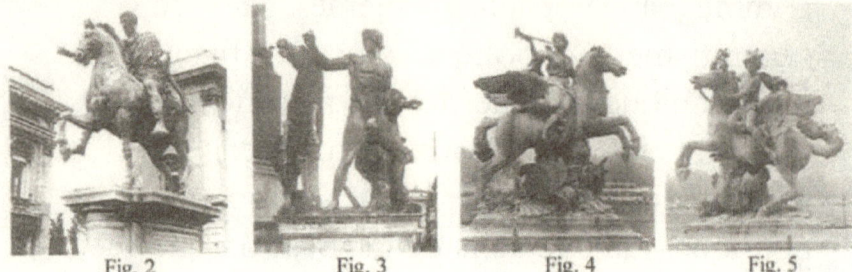

Fig. 2   Fig. 3   Fig. 4   Fig. 5

[1]Bien que le nom *Chevaux de Marly* semble réservé à ceux de Guillaume Coustou, cf. par ex. André Mellerio, *Marly-le-Roi - Histoire - Curiosités et Promenades - Le CHâteau de Louis XIV - Le Forêt*, Marly-le-Roi, L. Desveaud Libraire-Imprimeur, 1926, par souci de commodité nous l'emploierons aussi bien pour ceux de Coustou que pour ceux, antérieurs, d'Antoine Coysevox, puisque les deux groupes ont identiquement été conçus pour l'abreuvoir, lui-même commencé seulement en 1698, *ibid.*, p. 23.

[2]Simone Hoog, *Le Bernin - Louis XIV - Une statue déplacée*, Paris, Adam Biro, 1989, p. 54. Des moulages en plâtre se trouvent aujourd'hui près de la Concorde, les originaux étant conservés au Louvre.

[3]Hoog, pp. 9-10.

[4]Nous ne nous intéresserons pas à la question de la datation de ce groupe, qui semble encore aujourd'hui poser un certain nombre de problèmes, cf. par ex. Goffredo Bendinelli, "*Sui Dioscuri del Quirinal*", en italien, *Hommages à Albert Grenier*, Bruxelles-Berchem, Latomus, 1962, pp. 257 à 273.

[5]Hoog, pp. 5-6.

[6]*Ibid.*, fig. 33 p. 53. On retrouve ce type dans l'iconographie des Dioscures, cf. par ex. Maurice Albert, *Le culte de Castor et Pollux en Italie*, Paris, Ernest Thorin, 1883, p. 75; et Fernand Chapouthier, *Les Dioscures au service d'une déesse*, Paris, E. De Boccard, 1936, p. 306.

[7]Ce qui, dans un autre domaine, a produit l'iconographie des saints tueurs de dragons, comme Michel ou Gabriel. Chapouthier, pp. 342 à 345, à

propos de la christianisation des Dioscures, met ainsi leur iconographie en rapport avec celles (par ailleurs identiques) de saint Michel et de saint Georges.

[8]Et marquer le retour à la Paix, comme semble l'indiquer le caducée, symbole traditionnel des "*relations pacifiques*" que Mercure tient déjà dans l'iconographie antique des Dioscures, Albert, p. 69.

[9]Chapouthier, p. 282, confirme notre interprétation, en rapprochant l'iconographie des Dioscures de celle du cavalier thrace, qu'il n'identifie d'ailleurs pas. Il rappelle que ce cavalier porte souvent l'épieu et le bouclier, comme les Dioscures. Nous remarquerons, quant à nous, qu'il est seul, ce qui est symptomatique, si l'on considère que Chapouthier met en relation, comme nous, l'iconographie d'un cavalier seul (à cheval) avec celle de deux cavaliers (que sont les Dioscures, mais comme nous le verrons, ceci s'explique par l'importance, et l'"antithétisme", des *Castores* entre eux).

[10]Françoise de la Moureyre et François Souchal, *Les Frères Coustou, Nicolas (1658-1733), Guillaume (1677-1746) et l'évolution de la sculpture française du Dôme des Invalides aux Chevaux de Marly*, Paris, E. De Boccard, 1980, p. 225.

[11]*Ibid.*, p. 228.

[12]OEuvre reproduite dans *Encyclopaedia Universalis*, éd. 1968, t. 14, art. "*Rococo*", p. 296.

[13]Cf. par ex. note 22 *infra*; ainsi que Albert, chap. VIII, pp. 85 et 90 à 102; Bendinelli, pp. 262 à 267; et Robert Schilling, "*Les "Castores" romains à la lumière des traditions indo-européennes*", *Hommages à Georges Dumézil*, Bruxelles-Berchem, Latomus, 1960, pp. 177 à 192.

[14]Moureyre et Souchal, p. 227.

[15]*Ibid.*, p. 230.

[16]Cf. par ex. Albert, note 1 p. 87.

[17]Nous ne nous intéresserons pas à l'origine de leur introduction à Rome, ce que fait très bien Schilling.

[18]Schilling, *ibid.*, p. 179 et note 1.

[19]Albert, pp. 75-76.

[20]Chapouthier, p. 302.

[21]Faut-il considérer, comme Chapouthier, que la seul rôle des Dioscures, était dans les naissances difficiles, ou bien, en tant que dieux solaires et de la Nature, ne peut-on leur en attribuer plus généralement guérisseur lié aux eaux et aux sources (rappelons que par ex. Mercure et Jupiter étaient couramment associés aux thermes chez les peuples chrétiens - comme l'était Asklépios-Harpocrate chez les Gréco-Romains, cf. par ex. Aline Rousselle, *Croire et Guérir - La foi en Gaule dans l'Antiquité tardive*, Paris, Arthème Fayard, 1990). Chapouthier, p. 302, ajoute d'ailleurs: "*La proximité de Juturne et du temple de Castor fortifia cette inclinaison* (de l'association des Dioscures aux eaux)*: un relief, au Musée de Naples, présente les cavaliers, de part et d'autre d'un groupe de trois nymphes, et nous retrouvons la marque de cette intimité dans le fait qu'à trois reprises, en Pisidie, on choisit, pour sculpter la triade* (de Juturne ou de leur soeur Hélène - ou encore d'une divinité avec laquelle Hélène, en tant que déesse chtonienne de la Terre, et non comme simple héroïne de la guerre de Troie, peut synthétiquement se confondre -, comme essaie de le démontrer Chapouthier, et des Dioscures)*, le passage d'eaux jaillissantes*". En outre, Chapouthier montre bien

le lien qui unit Neptune aux Dioscures (bien que ce rapport soit beaucoup plus complexe et que nous croyons pouvoir y relever plus précisément encore le lien qui s'établit, de façon plus immanente, entre les Dioscures, chacun représentant une stase de l'astre solaire, comme Saturne et Jupiter le font selon l'analyse de James George Frazer dans *Le Rameau d'Or*, Paris, Robert Laffont, 1984).

[22]Et qu'ainsi notamment, en souvenir de la victoire de Régille, fut instaurée, "*chaque année,... une parade de la cavalerie, qui début*(ait) *par un sacrifice célébré devant l'"aedes Castoris" par les "tribuni Celerum*", cf. Schilling, pp. 188 à 191. Ainsi aux fêtes équestres romaines, sous les auspices de Consus pour les *Consualia* et de Mars pour les *Equiria* - courses de chevaux libres comme les *barberi* modernes -, s'assimilèrent les courses du Cirque en l'honneur des *Castores*, célébrées aux ides de juillet (en souvenir de la victoire de Régille), d'août, ainsi que le 8 avril (en souvenir du *natalis* des Dioscures) et à la fin de janvier à Ostie (véritable centre du culte des Dioscures, Albert, pp. 58 à 60). Ces fêtes équestres offertes aux Dioscures restèrent en faveur jusqu'au Vème siècle de notre ère. Or ces jeux hippiques, dont un exercice romain traditionnel fut consacré aux Dioscures en particulier (il s'agissait pour le *desultor*, si se mettait sous la garde des *Castores* dont il portait le nom, de sauter d'un cheval sur un autre, rappelant ainsi "*la légende* (selon laquelle les Dioscures, "*héros solaires*", *ibid.*, p. 93) *tour à tour* (montaient) *au ciel et tour à tour* (descendaient) *aux enfers*", *ibid.*, pp. 84-85) connurent une pérennité à la période moderne en Italie dans la fameuse course des barbes (ou *barberi*, en

référence à l'origine sauvage, "*barbare*", de ces chevaux), dont Théodore Géricault, assistant à la course lors de son voyage en Italie de 1816-1817, donna une série de représentations. De plus, Géricault, qui s'inspira probablement aussi des *Chevaux de Marly*, utilisa déjà le modèle iconographique des Dioscures pour son *Cuirassier blessé, quittant le feu* de 1814, cf. par ex. *Géricault*, catalogue de l'expo. du Grand Palais (10 Oct. 1991-6 Janv. 1992), Paris, Réunion des Musées Nationaux, 1991, p. 50.

[23]Jean-Marie André, "*Autour de Vacuna: Etiologie religieuse et philosophie*", *Hommages à Robert Schilling*, Paris, Société d'Edition Les Belles Lettres, 1983, p. 38.

[24]*Ibid.*, p. 36.

[25]*Ibid.*, p. 40.

[26]*Ibid.*, note 7 p. 40.

[27]*Ibid.*, pp. 40-41. Cette importance de l'association sabine et romaine entre la Victoire et la fertilité agricole (étudiée par Georges Dumézil dans nombre de ses travaux) permet donc de comprendre l'importance de ce rôle du "*lacus Iuturnae*" dans la mythologie des Dioscures, comme dieux de l'issue favorable de la guerre et de la prospérité consécutive, cf. note 18 et texte correspondant *supra*, lorsqu'on sait le caractère des Nymphes comme *Bonus Eventus* (Varron, *De Re Rustica*, I, I, 6), cf. par ex. Lucienne Deschamps, "*Varron, les Lymphes et les Nymphes*", p. 72 *in ibid*. On relèvera ainsi la récurrence certaine dans le mythologique classique du thème du cheval faisant jaillir une source de ses sabots, qu'il s'agisse de Pégase dompté par Bellérophon, du dieu-cheval Poséidon (divinité de la fertilité, dont le nom voulait à l'origine

probablement dire "*Maître* (ou "*Mari*") *de la terre*" - son épithète habituelle, "*Gaieochos*", "*Qui tient la terre*", expliquant son action sur les rochers -, qui sous la forme d'un cheval engendra, avec Déméter transformée en jument pour lui échapper, le cheval Aréion et une fille du nom de Despoina), père de Pégase et vénéré sous l'épiclèse "*Hippios*" ("*Maître des chevaux*"), lors de sa dispute avec Athéna pour la possession d'Athènes, ou bien encore, dans une certaine mesure, des chevaux des Dioscures (dont Poséidon "*Asphalios*", "*Qui donne la sécurité*", fit les protecteurs des marins et leur donna le pouvoir d'apaiser les tempêtes) au lac Régille, cf. par ex. Irène Aghion, Claire Barbillon et François Lissarrague, *Héros et Dieux de l'Antiquité - Guide iconographique*, Paris, Flammarion, 1994, art. "*Bellérophon*", "*Neptune*" et "*Pégase*", pp. 66-67, 200 à 202 et 225 à 227, Michael Grant et John Hazel, *Dictionnaire de la Mythologie*, Verviers (Belgique), Les Nouvelles Editions Marabout S.A., 1981, art. "*Poséidon*", pp. 299 à 303, et Dora et Erwin Panofsky, *Etude iconographique de la Galerie François Ier à Fontainebleau*, Brionne, Gérard Monfort, 1992, note 112 pp. 92-93. L'origine de cette association à l'eau, qui sera reprise à la Renaissance, notamment dans l'illustration du songe à la fontaine dans *Le Coeur d'Amour épris* du roi René d'Anjou, est immémoriale et se comprend en partie au travers du lien de Mars, dieu de la guerre qui favorise par les armes la prospérité, au cheval, monture de combat et symbole traditionnel de fécondité - peut-être à cause de son impressionnant sexe, on sait en effet que l'ithyphallisme est une preuve de fertilité pour l'Antiquité et les sociétés dites primitives (il y a fort à parier qu'à l'inverse c'est le caractère maternel de la vache productrice de lait et de viande qui, combiné à sa force évidente, a valu au taureau d'être dans ces mêmes époques et lieux l'autre principal animal symbole de fécondité, par exemple associé à Poséidon dieu de la fertilité, cf. Grant et Hazel, pp. 299 à 303) - et pour cela hypostase des divinités de la pluie dans nombre de religions. C'est pourquoi on sacrifiait une fois l'an un cheval, dont on remplissait la tête de grains, au dieu pour remercier de la bonne moisson, cf. Jean Chevalier et Alain Gheerbrant, *Dictionnaire des symboles*, Paris, Robert Laffont S.A. et Jupiter, 1988, art. *"Cheval"* et *"Chevalier"*, pp. 222 à 234. Le caractère fertile du cheval et son association à Mars son sans doute à l'origine de nombreuses représentations de la période moderne et contemporaine montrant la Paix (ou des soldats dans l'iconographie du *Triomphe de la Paix*) bridant un cheval, allant exceptionnellement jusqu'à l'accrocher à un soc de charrue (allégorisant par là même le retour à la prospérité agricole par les armes) ou jusqu'à remplacer le cheval par une vache tenue par les cornes. Ce n'est sans doute pas pour rien qu'on trouve figuré dans la plupart des images de Mars et Vénus un personnage bridant un cheval, puisque c'est de leur union que naquit Harmonie - bien qu'une autre version voulut qu'elle fût la fille de Zeus et d'Electre, elle-même fille d'Atlas -. D'ailleurs, tout le mythe d'Harmonie l'associe à la conquête de la Paix, puisqu'elle est aussi l'épouse de Cadmos, vainqueur du dragon d'Arès ainsi que des cinquante soldats qui sortirent des dents de celui-ci, semées sur le conseil d'Athéna, et fondateur de Thèbes. Cadmos est le frère d'Europe (à qui les recueils d'emblèmes, et Coustou aussi pour le grand vestibule carré de la chapelle du château de Versailles, donnent comme attribut le cheval, symbole de sa suprématie guerrière, de la "*vrai religion*" et de la monarchie, cf. Cochin et Gravelot, *Iconologie ou Traité des Allégories - Emblèmes*, Bordeaux et Paris, Lattré graveur, sans date, 4 vol., t. II, p. 29, Moureyre et Souchal, p. 81 et pl. 33-a - qui, il est important de le noter, voient dans le cheval de l'Europe de Versailles une préfigure des *Chevaux de Marly, ibid.*, p. 81 -, et Cesare Ripa, *Iconologie*, gravures Jacques De Bie, explications Jean Baudoin, 1593, Lille Bibliothèque Interuniversitaire, et Paris, Aux Amateurs de Livres et Klincksieck, 1989, Ière partie, fig. CXV pp. 138 à 140), et de son union avec Harmonie naquit Sémélé (autre forme de Déméter), cf. par ex. Grant et Hazel, art. "*Cadmos*", "*Dionysos ou Bacchus*", "*Harmonie*", "*Sémélé ou Thyoné*" et "*Zagreus*", pp. 73-74, 120 à 125, 165, 322 et 378, et Maria Daraki, *Dionysos et la déesse Terre*, Paris, Flammarion, 1994. La succession logique de la guerre et de la Paix comme la subordination de la prospérité à l'acquisition de la Paix (par les armes donc) dans les représentations collectives permettent aussi de comprendre pourquoi les jumeaux divins, selon le principe défini par Dumézil, cf. notamment *Le roman des jumeaux - Esquisses de mythologie*, Paris, Gallimard, 1994, et *Mythe et Epopée I - II - III*, Paris, Gallimard, 1995, sont alternativement de deuxième (guerrière) et troisième (agricole) fonctions, pourquoi les Açvins et les Dioscures qui en ont donné le modèle, se complètent comme les rois légendaires des mythologies indo-européennes, scandinaves ou de la construction de Rome (Romulus et Numa), et pourquoi enfin le mythe des jumeaux va parfois jusqu'à en faire non pas des frères, mais un père et son fils, le guerrier favorisant l'arrivée du pacifique. C'est identiquement cette alternance, sous la forme particulière de la victoire de la Paix sur la Guerre, que montre l'opposition entre Neptune et Athéna, au moins dans une des peintures du Rosso Fiorentino (connue par les gravures de Fantuzzi) du mur ouest de la Galerie François Ier à Fontainebleau, "*représentant la Dispute d'Athéna et de Poséidon. Le format, le thème et l'esprit de cette composition seraient tout à fait en accord avec les autres fresques: la rivalité entre deux divinités, aboutissant à la création du cheval, symbole de l'emportement guerrier, et à celle de l'olivier, symbole de paix et de prospérité, aurait résumé l'idéal de François Ier en "ex utroque Caesar"*", Panofsky, note 112 p. 93.

[28] Cf. aussi René et Suzanne Pillorget, *France baroque, France classique 1589-1715*, Paris, Robert Laffont, 1996, t. II, art. "*Marly*", pp. 750-753.

[29] Cf. notamment Chapouthier; et Dumézil, *Le roman des jumeaux*. D'ailleurs, Dumézil, *ibid.*, pp. 38-41, ne nous raconte-t-il pas comment les Açvins, équivalents hindous des Dioscures, rencontrent Suanyâ nue au bain et s'éprennent follement d'elle, et comment, celle-ci étant fidèle à son époux, l'ascète Cyavana, ils rendent au vieillard sa jeunesse grâce à l'eau d'un lac, afin de tromper la pauvre Suanyâ par leur ressemblance parfaite avec le nouveau Cyavana? Dumézil, *ibid.*, pp. 79-80, rapproche ainsi fort judicieusement l'épisode de celui de Suzanne au bain.

[30] Cf. José Cepeda Adán, "*Los Dioscuros y Santiago en el siglo XVIII: La Representación del Duque de Arcos*", *Anuario de Estudios Medievales*, Barcelone, Insituto de

Historia Medieval de España et Universidad de Barcelona, t. I, 1964, pp. 647-649; N. Wyatt, "*Les mythes des Dioscures et l'idéologie royale dans les littératures d'Ougarit et d'Israël*", *Revue biblique*, n° 4, octobre 1996, pp. 481-516. Cf. aussi, malgré son caractère confus, l'article du *Dictionnaire des mythes littéraires*, Paris, Rocher, 1988, pp. 264-269ss.

[31] Cf. Hoog.

[32] Cf. Pillorget, pp. 750-753.

www.ingramcontent.com/pod-product-compliance
Lightning Source LLC
Chambersburg PA
CBHW030603220526
45463CB00007B/3162